DIE DUMMHEIT DER ANDEREN
IST DEINE CHANCE

Ernst Günter Tange

Zitatenschatz für Manager

Die Dummheit der anderen ist Deine Chance

Illustriert von Birgit Tanck

Eichborn.

Die Deutsche Bibliothek – CIP-Einheitsaufnahme

Zitatenschatz für Manager / Ernst Günter Tange. III. von Birgit Tanck.
Die Dummheit der anderen ist Deine Chance
– Frankfurt am Main: Eichborn, 1997
ISBN 3-8218-3463-3

Umschlaggestaltung: Christina Hucke
Satz und Lithografie: Fuldaer Verlagsanstalt GmbH, Fulda
Druck und Bindung: Wiener Verlag, Himberg
ISBN 3-8218-3463-3

Verlagsverzeichnis schickt gern:
Eichborn Verlag, Kaiserstraße 66, D-60329 Frankfurt/Main

INHALT

VORWORT

Niemand weiß genau, was ein Manager ist. Die Rätselhaftigkeit dieses Mediums des modernen Kapitalismus macht einen Hauptteil der von ihm ausgehenden Faszination aus. In den vierziger Jahren kam die Theorie vom Manager-System auf. Das Wort ist uralt, es kommt vom lateinischen manus = Hand. To manage heißt behandeln, handhaben. Und genau das tut der Manager nicht. Er benutzt seine Hand, wenn überhaupt, nur zur Unterschrift und um müde, abweisende Gesten zu machen, ein Winken, das besagt, »dazu habe ich heute wirklich keine Zeit«. Unklar ist, ob und womit der Manager arbeitet. Manche behaupten, er arbeite mit dem Kopf und mit dem Herzen. Mit ersterem Organ organisiere er, mit zweitem reagiere er. Er arbeitet am Umsatz und am Herzinfarkt. Vielleicht ist unsere Zeit von keinem Beruf mehr charakterisiert als vom Manager. Bezeichnend ist, daß ihm die Firma meist nicht gehört, für die er arbeitet. Er bezieht zwar ein hohes Gehalt, aber es nützt ihm nichts, da er keine Zeit zum Prassen hat. Früher spielte man Kaiser, König, Bettelmann. Der Bettelmann war am unteren Ende der Skala, der Manager wäre noch eins tiefer. Er hat nichts, er ist nichts, er kann nichts, er weiß nichts, er ist kein Fachmann, er kann keinen Stecker reparieren. Aber er ist entscheidend, entscheidender als Politiker, weil er entscheidet. Man weiß nie, wann ein Mensch zum Manager mutiert. Es kommt ganz plötzlich. Auch der Tod eines Managers kommt meistens überraschend. Ein kurzes Herzflimmern und die Löschtaste wird gedrückt. Sofort tritt ein anderer Manager an die Stelle des alten. Man merkt den Unterschied höchstens an der Füllfedermarke. Manager kommen nicht in den Himmel, sie kommen auch nicht in die Hölle. Sie werden abgelegt im Ordner der Zeit unter dem Stichwort Schnee von gestern. Trotzdem sind Manager keine tragischen Figuren. Sie sind im gewissen Sinne sogar glücklicher als die veralteten Unterarten der Species Mensch. Ein Manager hat nämlich unbeschreiblich viel Macht. Deshalb kann man sagen, der tut nichts, denn er macht alles.

Kaum leichter zu beantworten ist die Frage, was seine Heimstätte, ein Betrieb, eigentlich ist und wie er funktioniert. Das hergestellte Produkt ist sicher das Unwesentlichste an einer Firma, deshalb taucht es auch in diesem Nachschlagewerk nicht auf. Betriebe haben etwas von geschlossenen Anstalten an sich. Man kann sie mit einem Zoo, einem Krankenhaus, einem Varieté vergleichen. Es sind dschungelartige Gebiete mit einer abgrenzenden Mauer drum herum. Draußen ist alles klar definiert, drinnen kann alles alles sein. In einem guten Gefängnis zum Beispiel ist der Gefängniswärter vom Gefangenen schwer zu unterscheiden. Sie bewachen sich gegenseitig. So ist es auch mit Chefs und Angestellten. Uneindeutig ist auch die Funktion der Produktionsmittel. So kann ein PC durchaus als Kaffeetassenablage dienen oder ein Papierkorb als Versteck für den Flachmann. Trotz dieser labyrinthischen Situation gibt es gewisse erkennbare Strukturen, nach denen wir die folgende Sammlung von Zitaten gegliedert haben. Daß hin und wieder die gleichen Stichworte in verschiedenen Rubriken vorkommen, trägt ihrer Mehrdeutigkeit Rechnung.

8

MANAGERKUNDE
von Aktie bis Zufriedenheit

Geldleute lesen gründlicher als Bücherliebhaber. Sie wissen besser, was für Nachteile aus flüchtiger Lektüre entstehen können.
Bert Brecht

Aktiengesellschaft: Großbetrieb, in dem die leitenden Angestellten so tun, als gehörte er ihnen.
Anonym

– raffinierte Einrichtung zur persönlichen Bereicherung ohne persönliche Verantwortung.
Ambrose Bierce

Anerkennung: eine Pflanze, die vorwiegend auf Gräbern wächst.
Robert Lembke

9

Wir sind dabei, die Welt zu reduzieren auf Angebot und Nachfrage.
Gertrud Höhler

Arbeit: eine Sucht, die wie eine Notwendigkeit aussieht.
Peter Altenberg

– für die Mehrheit der Menschen die einzige Zerstreuung, die sie auf Dauer aushalten können.
Dennis Gabor

– eine Art Gefängnis. Wie viele schöne Dinge gehen vorbei, die zu sehen sie hindert.
Paul Valéry

Damit haben die Asiaten den Weltmarkt erobert – sie arbeiten während der Arbeitszeit.
Ephraim Kishon

Arbeitspensum: was geschafft würde, wenn alle mitarbeiteten.
Michael Schiff

Arbeitsteilung: der Vorgang, bei dem drei Leute in drei Stunden dasselbe leisten, das bisher ein Mann in einer Stunde geleistet hat.
Cyril Northcote Parkinson

Ausschuß: eine Einrichtung, die es einem ermöglicht, nicht allein schuldig zu sein.
Anonym

– beratendes Gremium zur Abwendung echter Entschlüsse.
Michael Schiff

Wenn man keine Autorität hat, braucht man Macht.
Ernst Bloch

Die Grenze der Autorität liegt dort, wo die freiwillige Zustimmung aufhört.
Bertrand de Jouvenel

10

Bankett: eine Veranstaltung, bei der man ißt, was einem nicht schmeckt, bevor man zu Leuten, die einen nicht interessieren, über Dinge spricht, von denen man keine Ahnung hat.

Anonym

Betriebsanalyse: kostspielige Methode, durch betriebsfremde Fachleute das ermitteln zu lassen, was man im Betrieb seit 20 Jahren weiß.

Michael Schiff

Beziehungen: eine Rutschbahn nach oben.

Karl Farkas

Wie gut ist es doch, wenn man Leute kennt, die Leute kennen.

Ken Kaska

Gute Beziehungen schaden nur dem, der sie nicht hat.

Rolf Haller

Bilanz: Unzucht mit Zahlen.

Anonym

– das Jahreszeugnis des Managers.

Helmar Nahr

Ich verachte das amerikanische »Big Business« mit seinem Manager-Komplex. Wer zahlt eigentlich die großen Gehälter, die riesigen Spesen, die phantastischen Bürohäuser? Natürlich der Aktionär! Das beste Büro kann man auf den hinteren Sitzen eines Autos unterbringen.

Jean Paul Getty

Computer: eine großartige Erfindung. Es passieren genausoviele Fehler wie früher. Aber niemand ist daran schuld.

Anonym

– ein elektronisches Wunderwerk, das in einer zehntausendstel Sekunde die verwickeltsten Rechen- und Buchungsoperationen ausführt – und dann die Kontoauszüge mit zehn Tagen Verspätung verschickt.

Anonym

12

– die logische Weiterentwicklung des Menschen: Intelligenz ohne Moral.

John Osborne

– die neueste technische Errungenschaft zur wirksamen Verzögerung der Büroarbeit.

Cyril Northcote Parkinson

– die Lösung vieler Probleme, die wir ohne Computer gar nicht hätten.

Klaus-Peter Schreiner

Mit seinem hochentwickelten Geist und seinen Computern kann der Mensch heute fast alle Probleme haarscharf umreißen. Nur mit dem Lösen hapert es noch.

Anonym

Das Unsympathische an den Computern ist, daß sie nur ja oder nein sagen können, aber nicht vielleicht.

Brigitte Bardot

Diskretion: die Kunst, Geheimnisse so auszuplaudern, daß das Siegel der Verschwiegenheit unverletzt bleibt.

Anonym

Diskussion: ein Austausch von Gedanken, bei dem immer die Gefahr besteht, daß man überzeugt wird.

Anonym

Einkommen: die Provision, die einem der Staat für die Erarbeitung der Steuern zuerkennt.

Anonym

Wenn du eine Entscheidung treffen mußt und triffst sie nicht, ist das auch eine Entscheidung.

William James

Erfolg: im Grunde nichts anderes als die Überwindung der Angst vor dem Versagen.

Anonym

– die einzige unverzeihliche Sünde gegen unsere Mitmenschen.

Ambrose Bierce

13

– der Raum, den man in der Zeitung einnimmt.   *Elias Canetti*

– so ziemlich das Letzte, was einem vergeben wird.
Truman Capote

– nur ein aufgeschobener Mißerfolg.   *Graham Greene*

– die Kunst, Fehler zu machen, die kein anderer bemerkt.
Martin Jente

– eine unberechenbare Mischung aus Talent, Glück und Arbeit – und oft auch ein Mißverständnis.   *Carl Zuckmayer*

Anständige Menschen zeigen oft ein bißchen Feigheit, eine kleine Schwäche. Nur Schurken sind vom Erfolg überzeugt. Und deswegen haben sie Erfolg.
Charles Baudelaire

Erfolgserlebnisse: Stufen, denen man nicht ansieht, ob sie zu einer Leiter oder zu einer Tretmühle gehören.
Helmar Nahr

Der Fortschritt geschieht heute so schnell, daß, während jemand eine Sache für gänzlich undurchführbar erklärt, er von einem anderen unterbrochen wird, der sie schon realisiert hat.   *Albert Einstein*

Freizeit ist kein Problem mehr. Dank der modernen Beförderungsmethoden verbringt man sie auf dem Weg zur und von der Arbeit.   *Anonym*

Geheimhaltung: Methode zur schnellsten Verbreitung betriebsinterner Neuigkeiten.   *Michael Schiff*

Das Geheimnis des finanziellen Erfolges: billig kaufen, teuer verkaufen, rasch kassieren und spät zahlen.
Richard Levin

14

Gehirn: eine fabelhafte Sache – es fängt zu arbeiten an, sobald man aufsteht, und hört erst auf, wenn man im Büro ist. *Anonym*

– ein Körperorgan, das im Augenblick der Geburt zu arbeiten beginnt und damit erst aufhört, wenn man aufsteht, um eine Rede zu halten. *Anonym*

Geld ist der sechste Sinn. Ohne ihn kann man mit den anderen fünf nicht viel anfangen. *William Somerset Maugham*

Das Geld, das man besitzt, ist das Instrument der Freiheit; das Geld, dem man nachjagt, ist das Instrument der Knechtschaft. *Jean-Jacques Rousseau*

Ein Geschäft wird erst dann ein Geschäft, wenn man dem Finanzamt nachweisen kann, daß es überhaupt kein Geschäft war. *Anonym*

15

Die Größe ist nicht immer ausschlaggebend. Während die Wale fast ausgerottet sind, geht es den Ameisen nach wie vor blendend.

Anonym

Großbetriebe sind deswegen weniger kreativ als Kleinbetriebe, weil in großen Unternehmen oft versucht wird, das nächste Problem nicht durch Denken zu lösen, sondern durch die Einstellung eines neuen Mitarbeiters.

Harald Jürgensen

Haushaltsplanung: die gleichmäßige Verteilung der Unzufriedenheit.

Anonym

Holdinggesellschaft: ein Unternehmen, bei dem man dem Partner die Beute zur Aufbewahrung übergibt, während man selbst von der Polizei durchsucht wird.

Will Rogers

Jubiläum: ein Datum, an dem eine Null für eine Null von mehreren Nullen geehrt wird.

Peter Ustinov

– Feier zur Ehre einiger Nullen.

Ernst Waldbrunn

Der Unterschied zwischen einem Arbeitsplatz und einer Karriere besteht in mindestens zwanzig Stunden in der Woche.

Anonym

Eine Kommission ist eine Gruppe von Unwilligen, ausgewählt aus einer Schar von Unfähigen zwecks Erledigung von etwas Unnötigem.

Richard Harkness

Kommissionen: Vereinigungen, in denen mehrere Personen die Arbeit nicht leisten, die ein einzelner viel besser machen würde.

Prosper Mérimée

16

– die Brutapparate der Bürokratie. *Cyril Northcote Parkinson*

Kompromiß: ein Übereinkommen, bei dem man vorgibt, daß man nachgibt. *Willy Reichert*

– die Kunst, einen Braten so aufzuteilen, daß jeder glaubt, er habe das beste und größte Stück bekommen.
Paul-Henri Spaak

Konferenz: eine Veranstaltung, bei der eine Menge Leute über Dinge reden, die sie tun sollten. *Anonym*

– eine Sitzung, in die viele hineingehen, aber bei der nur wenig herauskommt. *Werner Finck*

– ein Treffen, wo entschieden wird, wann das nächste Treffen stattfinden wird. *Henry Ginsberg*

Wenn die Leute nicht wissen, was sie machen sollen, dann schlagen sie vor, darüber eine Konferenz abzuhalten.
Maggie Thatcher

Konferenzen: ein ganz ausgezeichnetes Mittel, Probleme so lange zu diskutieren, bis sie unaktuell geworden sind. *Anonym*

– Verschiebebahnhöfe für ungelöste Probleme.
Richard Burton

internationale Konferenzen: Meisterleistungen moderner Kommunikationstechnik, die ein Maximum an Organisation mit einem Minimum an Information verbinden. *Helmar Nahr*

17

Konversation: die Kunst zu reden, ohne zu denken.
Victor de Kowa

Leistungsgesellschaft: eine Gesellschaft, die sich mehr leistet, als sie sich leisten kann. *Anonym*

Das Geheimnis jeder Macht besteht darin, zu wissen, daß andere noch feiger sind als wir. *Ludwig Börne*

Es gibt kein stärkeres potenzsteigerndes Mittel als die Macht. *Henry Kissinger*

An der Macht ist der Mensch so gern alleine. *Ron Kritzfeld*

18

Managerkrankheit: eine Epidemie, die durch den Uhrzeiger hervorgerufen und durch den Terminkalender übertragen wird.

John Steinbeck

Marketing: gestelzte Bezeichnung für systematisch gesammelte Vertriebskenntnisse, die vor 2000 Jahren schon jede bessere Marktfrau beherrschte.

Ron Kritzfeld

Meinungsforschung: die Kunst, die Meinung des Auftraggebers zu erforschen und sie durch unverdächtige Zeugen belegen zu lassen.

Anonym

Mitbestimmung: die Suche nach dem kleinsten gemeinsamen Nenner.

Wolfgang Eschker

vertrauliche Mitteilung: beliebtes und überaus wirkungsvolles Verfahren, auf allerschnellstem Wege Nachrichten an die Öffentlichkeit zu bringen.

Ron Kritzfeld

Neid: der Schatten, den der Erfolg wirft.

Robert Lembke

Alle diese Kongresse, Kolloquien, Beratungen und Tagungen weit weg von zu Hause sind Nester der Leidenschaft.

Benoite Groult

Wenn die Menschen sagen, sie wollen etwas Neues, dann meinen sie, sie wollen dieselbe alte Sache, nur anders. Auf etwas wirklich Neues reagieren sie unweigerlich solange feindselig, bis es mindestens zweimal imitiert worden ist.

Anonym

Wer in einer Organisation drinsteckt, kann nicht gleichzeitig auch außerhalb stehen und sie durchschauen. *Anonym*

In jeder Organisation gibt es eine Person, die Bescheid weiß. Diese Person muß entdeckt und gefeuert werden, sonst kann die Organisation nicht funktionieren.

Cyril Northcote Parkinson

Party: ein Beisammensein von Leuten, die sich nichts zu sagen haben und das auch ausgiebig tun.

Gerhard Löwenthal

Wenn Menschen einen guten Rat kostenlos geben, werden sie verlacht. Wenn sie ihn gegen teures Geld abgeben, werden sie verehrt.

Anonym

Fachleute wissen nicht immer gleich Rat, aber sie wissen, daß sie Rat schaffen können, wenn man ihnen das Geld dazu gibt.

Anonym

Redekunst: die Macht, Menschen ihre klaren und natürlichen Meinungen auszureden.

Hobard C. Chatfield-Taylor

20

Reingewinn: derjenige Teil der Bilanz, den der Vorstand beim besten Willen nicht mehr vor den Aktionären verstecken kann.

Carl Fürstenberg

Wenn die Reklame keinen Erfolg hat, muß man die Ware ändern.

Edgar Faure

Reorganisation: etwas, wozu sich ein Unternehmen entschließt, wenn sich herausstellt, daß es mehr Vorstandsmitglieder als Kunden hat.

Anonym

Der Gipfel des Ruhms ist, wenn man seinen Namen überall findet, nur nicht im Telefonbuch.

Henry Fonda

Das beste Mittel gegen eine übermäßige Ausdehnung von Sitzungen ist, sie eine halbe Stunde vor der Mittagspause oder vor Dienstschluß anzusetzen. Niemand hört sich so gern reden, daß er deshalb auf Freizeit verzichtet.

Anonym

Slogan: das Wort, das die Konkurrenz schlägt.

Karl Korn

Man kann einer Statistik nur dann trauen, wenn man sie selbst gefälscht hat.

Winston Churchill

Mit Statistiken kann ich alles beweisen, nur nicht die Wahrheit.

Anonym

Teamarbeit ist, wenn vier Leute für eine Arbeit bezahlt werden, die drei besser machen könnten, wenn sie nur zu zweit gewesen wären und einer davon krank zu Bett läge.

Martin Wolgast

21

Ein Telefon ist eine Annehmlichkeit, zwei sind Luxus, drei eine Extravaganz, gar keines das Paradies. *Anonym*

Manche halten einen ausgefüllten Terminkalender für ein ausgefülltes Leben. *Gerhard Uhlenbruck*

Den Beweis der Tüchtigkeit erbringt man nicht so sehr mit dem, was man selber leistet, als vielmehr durch die Leistungen derer, mit denen man sich zu umgeben versteht. *Andrew Carnegie*

Uhrzeiger: Peitschen für alle jene, die sich als Rennpferde mißbrauchen lassen. *François Mitterand*

22

Unsinn: die Einwände, die gegen dieses hervorragende
Wörterbuch vorgebracht werden. *Ambrose Bierce*

Urlaub: Freizeit, die man den Arbeitnehmern gewährt,
um sie daran zu erinnern, daß das Unternehmen auch
ohne sie auskommt. *Anonym*

Verhandlungstaktik: die Antwort provozieren, die
man haben will. *Hans Habe*

Die Viertage-Arbeitswoche findet immer mehr An-
klang. Viele Betriebe haben sie schon – verteilt auf fünf
Tage. *Anonym*

Fünfzig Prozent bei der Werbung sind immer rausge-
worfen. Man weiß aber nicht, welche Hälfte das ist.
Henry Ford

23

Wo steht denn geschrieben, daß die Wirtschaft ununterbrochen wachsen muß? Der Mensch wächst ja auch nicht ununterbrochen.

Donald Nash

Wirtschaftsplan-Beratungen: die Kunst, Enttäuschungen gleichmäßig zu verteilen.

Maurice Stan

Viele Wirtschaftstheorien kranken daran, daß sie den Menschen als vernunftbegabtes Wesen ansehen.

Auguste Detauf

Wirtschaftswissenschaft: das einzige Fach, in dem jedes Jahr auf dieselben Fragen andere Antworten richtig sind.

Danny Kaye

Wer den schlechtesten Gebrauch von seiner Zeit macht, jammert am meisten, daß sie so knapp ist.

Jean de La Bruyère

Man kann nicht erwarten, daß es den Leuten gutgeht und sie dann auch noch zufrieden sind.

Karl Petronius

24

HAIE UND
kleine Fische

Abteilungsleiter: männlicher Angestellter, der sich seinen Kaffee nicht mehr selbst aufbrühen muß.

Michael Schiff

leitender Angestellter: ein Mann, der jederzeit fortbleiben kann, ohne daß man ihn vermißt. *Anonym*

Assistent: junger Mann, dessen Ehrgeiz in einem umgekehrten Verhältnis zu seiner Macht steht. *Michael Schiff*

Berater: ein Mann, der Deine Uhr nimmt, sagt, wie spät es ist, und Dir dann dafür eine Rechnung schickt.

Anonym

25

Ich höre immer auf meine Berater: Stimmt deren Meinung mit meiner überein, wird ihre Ansicht verwirklicht, ansonsten meine.

Ein Unternehmer

Chef: ein Mann, der früh kommt, wenn man zu spät ist, und spät kommt, wenn man früh ist.

Anonym

– der während der Kaffeepause auf die Uhr sieht.

Anonym

– einflußreiche Persönlichkeit im Betrieb, die angenehme Dinge den Arbeitnehmern selbst mitteilt, unangenehme aber durch Dritte mitteilen läßt.

Michael Schiff

– ein Mann, der pünktlich sein muß, nur um sehen zu können, wer unpünktlich ist.

Hans Söhnker

26

– ein Mensch wie alle anderen. Er weiß es nur nicht.

Anonym

– ein Mensch, der es versteht, mit den Köpfen anderer Leute zu denken.

Bernard Fox

– das ist nicht der, der etwas tut, sondern der, der das Verlangen weckt, etwas zu tun.

Edgar Pisani

Unser Chef ist völlig unbestechlich. Er nimmt nicht einmal Vernunft an.

Anonym

Den idealen Chef erkennt man daran, daß er seine Sekretärin relativ selten mit seiner Frau betrügt.

Anonym

Übrigens ist nur etwa jeder hundertste Mensch ein Chef, aber auch nur etwa jeder hundertste Chef ist ein Mensch.

Anonym

Manche Chefs lassen ihre Mitarbeiter bereits bei der Auftragserteilung merken, daß sie davon überzeugt sind, die Arbeit am Ende selbst übernehmen zu müssen.

Günther F. Gross

Der taktvolle Chef küßt seine Frau niemals in Gegenwart seiner Sekretärin.

Wolfgang Gruner

Der Chef hat ganz andere Sachen im Kopf, als das Personal denkt. Vor allem denkt er gar nicht soviel an das Personal, wie das Personal annimmt.

Kurt Tucholsky

Direktor: ein Mann, der die Besucher empfängt, damit die Angestellten ungestört arbeiten können.

Anonym

27

Elite: das sind immer weniger Menschen, die mehr arbeiten müssen, damit immer mehr weniger arbeiten können.

Herbert Köhler

– Menschen wie du und ich, aber nicht wie er und sie.

Ron Kritzfeld

Letztlich bekommt jeder von uns genau das, was er verdient – aber nur die Erfolgreichen geben das zu.

Georges Simenon

Experten: Leute, die genau begründen können, warum ihre Prognose nicht stimmte.

Jo Herbst

Das einzige, was noch schlimmer ist als Experten, sind Leute, die sich dafür halten.

Anonym

Fachmann: ein Mann, der einige der größten Fehler kennt, die man in dem betreffenden Fach machen kann, und sie deshalb zu vermeiden versteht.

Werner Heisenberg

Finanzgenie: ein Mann, der sein Geld schneller verdient, als seine Familie es ausgeben kann.

Anonym

Finanzplaner: ein Mann, der morgen genau sagen kann, warum der gestern vorausgesagte Finanzbedarf heute nicht ausreicht.

Anonym

28

Ich behaupte: Wenn alle Menschen wüßten, was sie voneinander sagen, gäbe es nicht vier Freunde auf der Welt.

Blaise Pascal

Führer: einer, der die anderen unendlich nötig hat.

Antoine de Saint-Exupéry

Der geborene Führer ist jemand, der Angst davor hat, irgendwohin allein zu gehen.

Clifford Hanley

Nur wenige Führungskräfte sehen ein, daß sie letztlich nur eine einzige Person führen können und auch müssen. Diese Person sind sie selbst.

Peter F. Drucker

Genie: ein Talent mit einem guten Manager.

Anonym

29

Geschäftsmann: ein Mann, der vormittags im Geschäft vom Golf und nachmittags beim Golf vom Geschäft spricht.

Anonym

Industriemakler: Leute, denen es nicht um die Vergesellschaftung von Produktionsmitteln, sondern um die Vermittlung von Produktionsgesellschaften geht.

Ron Kritzfeld

Karrieristen: Leute, die im Berufsverkehr nicht die Überholspur verlassen.

Anonym

– Leute, die andere Leute vor ihren Karren spannen.

Gerhard Uhlenbruck

Kollege: einer, der ohne jede Eignung unerklärlicherweise dasselbe macht wie man selbst.

Anonym

30

Konkurrent: Barriere in der Karriere. *Ron Kritzfeld*

Vor einer schweren Entscheidung steht der Leiter einer Beschaffungsabteilung, der Verhandlungen einleitet, um eine Maschine zu kaufen, die ihn ersetzen soll. *Anonym*

Neue Leute dürfen nicht Bäume ausreißen, nur um zu sehen, ob die Wurzeln noch dran sind. *Henry Kissinger*

Manager: Menschen, die mehr Verantwortung als Macht besitzen. *Dr. Manfred Köhnlechner*

– der Mann, der genau weiß, was er nicht kann, und der sich dafür die richtigen Leute sucht. *Philip Rosenthal*

Die Manager: 20 Prozent ihrer Zeit verbringen sie mit produktiver Arbeit, 80 Prozent verbrauchen sie bei der Verteidigung ihrer Schreibtischsessel. *Gerd Hohenstein*

Der Manager ist die Krone der Erschöpfung. *Werner Mitsch*

Markt- und Meinungsforscher: einer, der tiefgründige Untersuchungen darüber anstellt, warum eine schlechte Zahnpasta nicht gekauft wird, und dann zu dem bündigen Schluß kommt, daß die Tube den Leuten zu wenig sexy ist. *Anonym*

Wenige Mitarbeiter sorgen dafür, daß etwas geschieht, viele Mitarbeiter sorgen dafür, daß nichts geschieht, viele Mitarbeiter sehen zu, wie etwas geschieht, und die überwältigende Mehrheit hat keine Ahnung, was überhaupt geschehen ist. *Am Schwarzen Brett der Frankfurter Börse*

Erstklassige Männer leisten sich erstklassige Mitarbeiter, zweitklassige nur drittklassige. Schwache Führungskräfte haben gern schwache Untergebene um sich. *Dr. jur. Kurt Groß*

32

Es gibt drei Gruppen von Mitarbeitern: Haie, Haifisch-
futter und Menschen, die gelernt haben, mit den Haien zu
schwimmen, ohne gefressen zu werden. *Harvey Mackay*

Es gibt zwei Arten von Mitarbeitern, aus denen nie etwas Richtiges wird: diejenigen, die nie tun, was man ihnen sagt, und diejenigen, die nur tun, was man ihnen
sagt. *Christopher Morley*

Manche Manager gehen in ihren Betrieben nach dem
Herodes-Prinzip vor: Sie suchen nach dem besten geeig-
neten Nachfolger und sorgen dann dafür, daß er gefeuert wird. *George Bowles*

Die Nummer eins zu werden ist leichter als sie zu bleiben. *Anonym*

Persönlichkeiten: Menschen, die solche geblieben sind, obwohl sie Karriere gemacht haben.

Gerhard Uhlenbruck

Redner: ein Mensch, der durch Länge den Mangel an Tiefe ausgleicht.

Anonym

Manche Redner würden sich hervorragend als Märtyrer eignen: Sie sind so trocken, daß sie im Nu brennen würden.

Anonym

Ob sich Redner darüber klar sind, daß 90 Prozent des Beifalls, den sie beim Zusammenfalten ihres Manuskripts entgegennehmen, ein Ausdruck der Erleichterung sind?

Robert Lembke

Sachverständiger: ein Mann, der es versteht, andere Menschen von ihrer Unwissenheit zu überzeugen. *Anonym*

– ein Mann, der mit sehr guten Gründen das Falsche rät.
Anonym

Sekretärin: eine Dame in jüngeren Jahren, die dafür bezahlt wird, daß sie Maschinenschreiben lernt, während sie einen Mann sucht. *Anonym*

Wenn Frauen wüßten, was Sekretärinnen von ihren Chefs denken, hätten sie eine Sorge weniger. *Danny Kaye*

Sekretärinnen haben selten Vollmacht, dafür aber oftmals Allmacht.

Arthur Miller

Spezialisten: Leute, die immer mehr über immer weniger wissen.

Danny Kaye

Stellvertreter: Leute, die schon in die Fußstapfen treten, bevor man aus ihnen heraus ist.

Ian McLeod

Um leistungsfähig zu bleiben, müssen Sie vor allen Dingen einen Stellvertreter haben, der morgens um acht für Sie am Schreibtisch sitzt, während Sie zu Hause arbeiten.

Winston Churchill

Ein Stellvertreter ist ein Mann, der sich jeden Morgen nach unserem Befinden erkundigt und sehr enttäuscht ist, wenn man gut geschlafen hat.

Charles de Gaulle

Untergebener: einer, der sich kurzfassen muß.

Wieslaw Brudzinski

Unternehmer: jemand, der täglich 16 Stunden zu arbeiten bereit ist, um nicht acht Stunden pro Tag für einen andern arbeiten zu müssen.

Anonym

Ein Verkäufer, der die Kundin mit Sofia Loren verwechselt, kann sogar gebrauchten Kaugummi absetzen.

Claudia Prini

Volkswirtschaftler: ein Mann, der mehr von dem Geld versteht, das er nicht hat, als derjenige, der es hat. *Anonym*

36

– einer, der alle Lösungen für die Probleme des vergangenen Jahres kennt.
Anonym

– ein Mensch, der über etwas schreibt, was er nicht versteht, und dich glauben macht, das sei dein Fehler. *Anonym*

– ein Mann, der uns sagt, was wir mit dem Geld machen sollen, das wir verloren hätten, wenn wir seinem Rat gefolgt wären.
Aldo Cammarota

Vorgesetzter: ein Mensch, der sich zurückgesetzt fühlt, wenn er nicht vorgezogen wird.
Anonym

Drei Charaktere hat mancher Vorgesetzte: einen, den er hat, einen, den er zeigt, und einen, den er zu haben glaubt.
Anonym

Was nützt es dir, die Wünsche deines Vorgesetzten erraten zu haben, wenn er die Wünsche seines Vorgesetzten nicht erraten hat?

Wieslaw Brudzinski

Die ganze Kunst der so schwierigen Menschenführung besteht darin, seine Untergebenen so zu behandeln, wie man selbst von seinem Vorgesetzten behandelt werden möchte.

Richard Nixon

Den Charakter eines Menschen erkennt man erst dann, wenn er Vorgesetzter geworden ist.

Erich Maria Remarque

Ein Untergebener lernt seinen Vorgesetzten von Tag zu Tag besser kennen, aber er läßt es ihn nicht merken.

Ernst R. Hauschka

38

Der beste Vorgesetzte ist derjenige, der sich mit sicherem Instinkt gute Leute aussucht, die tun, was er getan haben möchte, und genügend Selbstbeherrschung besitzt, um sich nicht einzumischen, solange sie es tun.

Theodore Roosevelt

Wenn man einen Menschen richtig beurteilen will, so frage man sich immer: »Möchtest du den zum Vorgesetzten haben?«

Kurt Tucholsky

Wirtschaftsfachmann: ein Mensch, der die eine Hälfte des Jahres Pläne erarbeitet und die andere Hälfte Rechtfertigungen dafür, daß die Dinge nicht so gelaufen sind, wie er sie geplant hatte.

Anonym

EIGENART

Ansehen: der gute Ruf, den man genießt, weil viele schweigen.
Lord Chesterfield

übertriebener Arbeitseifer: eine Sucht, die man genauso behandeln lassen sollte wie jede andere Form von Süchtigkeit.
Wendell Wyatt

Arbeitswut: rezeptfreies Betäubungsmittel, das durch fortgesetzten Gebrauch zur Gewöhnung und schließlich zur Sucht führen kann.
Ron Kritzfeld

sicheres Auftreten: nichts anderes als die Fähigkeit, sich sein Unbehagen nicht anmerken zu lassen.
Anonym

40

Bescheidenheit: die Kunst, andere zu veranlassen, das Gute zu sagen, das man nicht wagen würde von sich selbst zu sagen.

Anonym

– die Kunst, andere herausfinden zu lassen, wie wichtig man ist.

Anonym

– eine Tugend, die man vor allem an anderen schätzt.

François de La Rochefoucauld

Der **Charakter** eines Menschen läßt sich leicht daran erkennen, wie er mit Leuten umgeht, die nichts für ihn tun können.

Anonym

Ein Kluger bemerkt alles. Ein **Dummer** macht über alles eine Bemerkung.

Heinrich Heine

41

Wenn die Dummen nicht bald alle werden, werden alle bald die Dummen sein.

Johann Ludi

Der Klügere gibt so lange nach, bis er der Dumme ist.

Werner Mitsch

Lache nie über die Dummheit der anderen. Sie ist Deine Chance.

Winston Churchill

Der Gescheitere gibt nach: ein unsterbliches Wort. Es begründet die Weltherrschaft der Dummheit.

Marie von Ebner-Eschenbach

Zwei Dinge sind unendlich, das Universum und die menschliche Dummheit, aber bei dem Universum bin ich mir noch nicht ganz sicher.

Albert Einstein

Das Recht auf Dummheit wird von der Verfassung geschützt. Es gehört zur Garantie der freien Entfaltung der Persönlichkeit.

Mark Twain

Dummheit ist keine Schande. Hauptsache, man hält den Mund dabei.

Werner Mitsch

Kluge Leute erkennt man daran, daß sie bei einem Anfall von Dummheit schweigen.

Robert Rocca

Es ist unglaublich, wieviel Geist in der Welt aufgeboten wird, um Dummheiten zu beweisen.

Friedrich Hebbel

Das ist der ganze Jammer: Die Dummen sind so sicher und die Gescheiten so voller Zweifel.

Bertrand Russell

42

Nur Dummköpfe wissen auf alle Fragen eine Antwort.

John Irving

Wenn die Klügeren nachgeben, regieren die Dummköpfe die Welt.

Jean-Claude Riber

Wer die Dummköpfe gegen sich hat, verdient Vertrauen.

Jean-Paul Sartre

Der Vorteil der Klugheit besteht darin, daß man sich dumm stellen kann. Das Gegenteil ist schon schwieriger.

Kurt Tucholsky

Gesellschaftlich ist kaum etwas so erfolgreich wie Dummheit mit guten Manieren.

Voltaire

Ehrgeiz ist die letzte Zuflucht des Mißerfolges.   Oscar Wilde

Man muß die Leute an ihren Einfluß glauben lassen – Hauptsache ist, daß sie keinen haben.

Ludwig Thoma

Wir sind so eitel, daß uns sogar an der Meinung der Leute, an denen uns nichts liegt, etwas gelegen ist.

Marie von Ebner-Eschenbach

Energie und Tatkraft: Eigenschaften eines Mannes, die man häufig erst bei dessen Pensionierung zu rühmen weiß.

Michael Schiff

Erfahrung: das, was man nicht hat, wenn man es am dringendsten braucht.

Anonym

43

– jener kostbare Besitz, der uns befähigt, einen Fehler sofort zu erkennen, wenn wir ihn immer wieder machen.

Danny Kaye

– die Summe der Dummheiten, die man machen durfte, ohne sich den Hals zu brechen.

Paul Wegener

– der Name, mit dem jeder seine Dummheiten bezeichnet.

Oscar Wilde

Erfahrung heißt gar nichts. Man kann eine Sache auch 35 Jahre schlecht machen.

Kurt Tucholsky

Gute Erziehung besteht darin zu verbergen, wieviel wir von uns selber halten und wie wenig von den anderen.

William Somerset Maugham

Es genügt nicht, keine Gedanken zu haben, man muß auch unfähig sein, sie auszudrücken.

Karl Kraus

Die meisten Menschen verwenden mehr Kraft daran, um die Probleme herumzureden, statt sie anzupacken.

Henry Ford

Der Nachteil der Intelligenz besteht darin, daß man gezwungen ist, ununterbrochen dazuzulernen.

George Bernard Shaw

Viele Menschen sind zu gut erzogen, um mit vollem Mund zu sprechen, aber sie haben keine Bedenken, es mit leerem Kopf zu tun.

Oscar Wilde

44

Gleichgültigkeit gegenüber abfälliger Kritik ist vielleicht nicht gerade eine Form von Bescheidenheit, aber sie ist gut für die Gesundheit. *Vladimir Nabokov*

Magengeschwüre bekommt man nicht von dem, was man ißt; man bekommt sie von dem, wovon man aufgefressen wird. *Lady Mary Montagu*

Es ist nicht schlimm, seine Meinung zu ändern; schlimm ist, keine zu haben, die man ändern könnte. *Barao de Itararé*

Menschenkenntnis: es bewährt sich, an das Gute im Menschen zu glauben, aber sich auf das Schlechte zu verlassen. *Alfred Polgar*

Leute, die zu nichts fähig sind, sind zu allem fähig. *John Steinbeck*

45

Sachkenntnis: das letzte, was man für eine lebhafte Diskussion benötigt.

Pierre de Beaumarchais

Man braucht nicht immer denselben Standpunkt zu vertreten, denn niemand kann einen daran hindern, klüger zu werden.

Konrad Adenauer

Egoismus, Faulheit und Eitelkeit sind die einzigen Triebfedern im Menschen, auf die man sich stets und unbedingt verlassen kann.

Anonym

Kein Mensch ist so wichtig, wie er sich nimmt.

Immanuel Kant

VERHALTENSMUSTER

Weniges auf dieser Welt verbindet so stark wie gemeinsame Abneigung gegen einen Dritten. *René Clair*

Wenn zwei Menschen immer wieder die gleiche Ansicht haben, ist einer von ihnen überflüssig. *Winston Churchill*

Arbeit delegieren: ich arbeite nach dem Prinzip, daß man niemals etwas selbst tun soll, was jemand anderes für einen erledigen kann. *David Rockefeller*

Es werden mehr Ausreden als Reden gehalten. Aber die Ausreden sind meist brillanter als die Reden. *Anonym*

Es ist immer verkehrt zu befehlen, wenn man des Gehorsams nicht sicher ist. *Mirabeau*

Es gibt immer wieder Leute, in deren Gegenwart es nicht ratsam ist, zu bescheiden zu sein; sie nehmen einen allzugern beim Wort. *Louis Pasteur*

Wenn man hört, wie viele genau wissen, wie man alles besser machen könnte, muß man sich wundern, warum sie es nicht endlich selber tun. *Andreas Stölzel*

Allen ist das Denken erlaubt. Vielen bleibt es erspart. *Curt Goetz*

47

Wir mögen Menschen, die frisch heraus sagen, was sie denken. Vorausgesetzt, sie denken dasselbe wie wir.

Mark Twain

Hierzulande kann jeder sagen, was er denkt; auch wenn er nicht denken kann. *Anonym*

Viele Menschen würden eher sterben als denken. Und in der Tat: Sie tun es. *Bertrand Russell*

Wer nicht gern denkt, sollte wenigstens von Zeit zu Zeit seine Vorurteile neu gruppieren. *Luther Burbank*

Das Schwierigste am Diskutieren ist nicht, den eigenen Standpunkt zu verteidigen, sondern ihn zu kennen.

André Maurois

48

Die Mehrzahl der Menschen ist so: Macht man ihnen bescheiden Platz, so werden sie unverschämt sein; versetzt man ihnen aber Ellenbögenstöße und tritt ihnen auf die Füße, so ziehen sie den Hut vor euch ab.

Johann Nepomuk Nestroy

Wenige Menschen denken, und doch wollen alle entscheiden.

Friedrich der Große

Zu mancher richtigen Entscheidung kommt es nur, weil der Weg zur falschen gerade nicht frei ist.

Anonym

Management by Fallobst: Wenn Entscheidungen reif sind, fallen sie von selbst.

Büroweisheit

Es ist im ganzen nicht zu glauben, wie schlau und erfinderisch die Menschen sind, um Entscheidungen aus dem Wege zu gehen.

Sören Kierkegaard

Entspannen sollte man sich immer dann, wenn man keine Zeit dazu hat.

Anonym

Das einzig Echte an manchen Menschen ist ihre Falschheit.

Anonym

Um Antworten zu bekommen, muß man zunächst einmal die richtigen Fragen stellen.

Eric Ambler

Wenn wir unsere Feinde hassen, geben wir ihnen eine große Macht über unser Leben: Macht über unseren Schlaf, unseren Appetit, unsere Gesundheit und unsere Geistesruhe.

Andrew Carnegie

Wenn du von jemand glaubst, er fresse dir aus der Hand, dann tust du gut daran, von Zeit zu Zeit deine Finger nachzuzählen.

Anonym

Mancher lehnt eine gute Idee bloß deshalb ab, weil sie nicht von ihm ist.

Luis Bunuel

Jemanden konsultieren: jemanden höflich bitten, der gleichen Meinung zu sein wie man selber.

Anonym

– die Zustimmung eines anderen zu etwas einholen, was bereits entschieden ist.

Ambrose Bierce

Ein Glück, daß man nicht alle kennt, die man nicht mag.

Michael Richter

Konversation machen: zwei oder mehrere Leute tun so, als hörten sie einander zu.

Wilhelm Lichtenberg

Auch Kränkungen wollen gelernt sein. Je freundlicher, desto tiefer trifft's.

Martin Walser

50

Wer sich über Kritik ärgert, gibt zu, daß sie verdient war.

Tacitus

Der größte Luxus ist eine eigene Meinung, nur wenige leisten sich ihn.

Peter Bamm

Steigerung des Luxus: eigenes Auto, eigene Villa, eigene Meinung.

Wieslaw Brudzinski

Es ist schwieriger, eine vorgefaßte Meinung zu zertrümmern als ein Atom.

Albert Einstein

Auch wenn alle einer Meinung sind, können alle unrecht haben.

Bertrand Russell

Seine Meinung zu ändern, erfordert manchmal mehr Mut, als bei seiner Ansicht zu verharren.

Friedrich Hebbel

Heutzutage muß man seine Leute motivieren – anbrüllen allein nützt nichts mehr.

»Playboy«

Eine Gelegenheit, den Mund zu halten, sollte man nie vorübergehen lassen.

Curt Goetz

Gesegnet seien jene, die nichts zu sagen haben und den Mund halten.

Oscar Wilde

Öffentlichkeitsarbeit: Enten legen ihre Eier in aller Stille. Hühner gackern dabei wie verrückt. Was ist die Folge? Alle Welt ißt Hühnereier.

Henry Ford

Solange man selbst redet, erfährt man nichts.

Marie von Ebner-Eschenbach

51

Sprächen die Menschen nur von Dingen, von denen sie etwas verstehen, die Stille wäre unerträglich. *Anonym*

Es ist unmöglich, Staub wegzublasen, ohne daß jemand zu husten anfängt. *Prinz Philipp*

Es wäre eine Freude zu leben, wenn jeder die Hälfte von dem täte, was er vom anderen verlangt. *José Ortega y Gasset*

verhandeln: nicht die schlechteste Form des Handelns. *William Rogers*

Früher verhandelte man über Probleme. Jetzt verhandelt man darüber, welche Probleme man verhandeln soll. *Friedrich Dürrenmatt*

Nur ein Pfau kann es sich erlauben, weitschweifig zu sein. *Axel von Ambesser*

Die meisten werden eher unter Einsatz ihres Lebens dein Recht verteidigen, etwas zu sagen, als daß sie dir zuhören. *Anonym*

Der Ärger mit den meisten Leuten ist nicht so sehr ihre Unwissenheit, sondern daß sie so viele Dinge wissen, die nicht so sind. *Josh Billings*

Wenn man sagt, daß man einer Sache grundsätzlich zustimmt, so bedeutet es, daß man nicht die geringste Absicht hat, sie in der Praxis durchzuführen. *Otto von Bismarck*

52

AUFTRITT
und Abgang

Kein Abschied auf der Welt fällt schwerer als der Abschied von der Macht.
Charles Maurice Talleyrand

Ein Geschäftsmann, der allein zu Mittag ißt, begeht beruflichen Selbstmord.
Anonym

Nichts ist riskanter, als zu modern zu sein. Man läuft Gefahr, plötzlich mit einem Schlage altmodisch zu werden.
Oscar Wilde

Arbeit: wer selbst arbeitet, verliert die Übersicht. *Anonym*

53

Müde macht uns die Arbeit, die wir liegenlassen, nicht die, die wir tun.

Anonym

Damit immer mehr immer weniger tun können, müssen immer weniger immer mehr tun.

Anonym

Wer getreulich acht Stunden am Tag arbeitet, bringt es am Ende vielleicht dazu, ein Boß zu werden, um dann zwölf Stunden am Tag zu arbeiten.

David Frost

Wer zuviel arbeitet, hat keine Zeit zum Geldverdienen.

Colin Wegg

Wenn man eine Arbeit mag, dann ist es keine Arbeit.

Harry Angstrom

Es gibt nur eine Ausflucht vor der Arbeit: andere für sich arbeiten zu lassen.

Immanuel Kant

Auf die Arbeit schimpft man nur so lange, bis man keine mehr hat.

Sinclair Lewis

Manche Arbeiten muß man Dutzende Male verschieben, bevor man sie endgültig vergißt.

Anonym

Es gibt zu viele, die leben, ohne zu arbeiten, und es gibt erst recht zu viele, die arbeiten, ohne zu leben.

Anonym

Ehe du vor einer schwierigen Aufgabe endgültig resignierst, solltest du dir noch ausmalen, jemand, den du nicht ausstehen kannst, habe sie bewältigt.

Anonym

Oft werden äußere Umstände des Aufstiegs erst sichtbar, wenn der Abstieg in Wahrheit schon begonnen hat.

Thomas Mann

Menschen, die kommen, sehen immer bedeutender aus als solche, die gehen.

Günter Bauer

Es ist eine ganz falsche Dankbarkeit, verdiente Männer so lange auf ihren Posten zu erhalten, bis die ihre alten Verdienste durch neue Torheiten ausgelöscht haben.

Anonym

Defizit: bei Staaten noch nicht einmal ein Kavaliersdelikt, bei Firmen enden sie mit dem Todesurteil.

Anonym

Man kann die Erfahrung nicht früh genug machen, wie entbehrlich man in der Welt ist.

Johann Wolfgang von Goethe

55

Der Weg zum Erfolg ist voll von Frauen, die ihre Männer vorwärtsschieben.

Walter Harrison

Sicher verdanken einige Millionäre ihren Erfolg ihren Frauen. Aber die meisten verdanken ihre Frauen dem Erfolg.

Danny Kaye

Die Strafe für den Erfolg liegt darin, daß man mit Leuten zusammentreffen muß, die man früher meiden konnte.

Norman Mailer

Der Grund, warum manche Mitarbeiter auf der Leiter des Erfolges nicht so recht vorankommen, ist darin zu suchen, daß sie glauben, sie stünden auf einer Rolltreppe.

Anonym

Über das Geheimnis des Erfolgs schreiben oft Menschen, die keinen haben.

Marcel Achard

Das Geheimnis des Erfolges? Anders sein als die anderen.

Woody Allen

Viele erkennen zu spät, daß man auf der Leiter des Erfolges einige Stufen überspringen kann. Aber immer nur beim Hinuntersteigen.

William Somerset Maugham

Es stimmt nicht, daß der Erfolg die Menschen verdirbt. Die meisten Menschen werden durch den Mißerfolg verdorben.

William Somerset Maugham

Bei den Erfolgsmenschen ist meist der Erfolg größer als die Menschlichkeit.
Daphne du Maurier

Manch einer verdankt seinen Erfolg den Ratschlägen, die er von anderen nicht angenommen hat.
Ferenc Molnár

Ein Erfolg läßt eine Unzahl von Fehlleistungen vergessen.
George Bernard Shaw

Um in der Gesellschaft Erfolg zu haben, muß man sich viele Dinge beibringen lassen, die man schon kann.
Charles Maurice Talleyrand

Auf dem Gipfel des Erfolgs steht auch ein Kreuz: für die Leichen, über die man gegangen ist.
Gerhard Uhlenbruck

57

Wer nicht die Frauen hinter sich hat, bringt es in der Welt zu keinem Erfolg.

Oscar Wilde

Erfolgreich ist der Mensch, wenn er bei 100 Entscheidungen 51 mal das Richtige trifft.

John Pierpont Morgan

Einen Fehler machen ist bitter; bitterer noch ist aber die Erkenntnis, wie unwichtig wir sind, wenn es niemandem aufgefallen ist.

Anonym

Die sind selten, die die Fehler anderer abwägen, ohne dabei den Daumen auf die Waagschale zu legen.

Anonym

Ein kluger Mann macht nicht alle Fehler selbst. Er gibt auch anderen eine Chance.

Winston Churchill

Viele Leute glauben, wenn sie erst einen Fehler eingestanden haben, brauchen sie ihn nicht mehr abzulegen.

Marie von Ebner-Eschenbach

Es ist wichtig, die Fehler zuzugeben, bevor sie einem vorgeworfen werden.

John Ogilvie

Jeder Mensch macht Fehler. Das Kunststück liegt darin, sie dann zu machen, wenn keiner zuschaut.

Peter Ustinov

Es gibt drei Möglichkeiten, eine Firma zu ruinieren: mit Frauen, das ist das Angenehmste; mit Spielen, das ist das Schnellste; mit Computern, das ist das Sicherste.

Oswald Dreyer-Eimbcke

Ein jeder nennt die Gedanken »klar«, die den gleichen Grad der Konfusion wie seine eigenen haben.

Marcel Proust

Die Menschen sind gleich, nur die Gehälter sind verschieden.

Brana Crncevic

58

Man soll auf Geld herabsehen, es aber nie aus den Augen verlieren.

Anonym

Wie kommt es, daß am Ende des Geldes noch soviel Monat übrig bleibt?

Anonym

Geld macht nicht glücklich, aber es gestattet uns, auf verhältnismäßig angenehme Weise unglücklich zu sein.

Amerikanische Spruchweisheit

Geld ist nicht alles, aber es hat einen Riesenvorsprung vor allem, was danach kommt.

Deutsches Sprichwort

Denke immer daran: Geld ist nicht alles. Aber denke auch daran, zunächst viel davon zu verdienen, ehe du so einen Blödsinn denkst.

Gästebuch-Eintrag eines amerikanischen Industriellen

59

Dreierlei Menschen haben kein Geld: die Verschwender, die Armen und die Geizigen. *Peter Altenberg*

Es gibt tausend Möglichkeiten, sein Geld loszuwerden, aber nur zwei, es zu erwerben: Entweder wir arbeiten für Geld – oder das Geld arbeitet für uns. *Bernard Baruch*

Mit Geld kann man einen guten Hund kaufen, aber nicht das Wedeln seines Schwanzes. *Josh Billings*

Im Leben muß man wählen, Geld zu verdienen oder es auszugeben. Es bleibt nicht genug Zeit, beides zu tun. *Edouard Bourdet*

Geld haben ist schön, solange man nicht die Freude an Dingen verloren hat, die man nicht für Geld kaufen kann. *Salvador Dali*

Geld verdirbt nur den Charakter, der bereits verdorben ist. *Edgar Faure*

60

Wenn du den Wert des Geldes kennenlernen willst, versuche, dir welches zu leihen.

Benjamin Franklin

Wer der Meinung ist, daß man für Geld alles haben kann, gerät leicht in den Verdacht, daß er für Geld alles zu tun bereit ist.

Benjamin Franklin

Über Geld spricht man nicht – man hat es.

Paul Getty

Geld macht nicht korrupt – kein Geld schon eher.

Dieter Hildebrandt

Wirklich genießen kann man nur Geld, das man mühsam verdient hat. Aber wenn man es mühsam verdient hat, hat man keine Zeit, es zu genießen.

Aldous Huxley

Gib dein Geld nie aus, bevor du es hast.

Thomas Jefferson

Immer wieder gibt der Mensch Geld aus, das er nicht hat, für Dinge, die er nicht braucht, um damit Leuten zu imponieren, die er nicht mag.

Danny Kaye

Geld allein macht nicht glücklich. Es gehören auch noch Aktien, Gold und Grundstücke dazu.

Danny Kaye

Geld: Die meisten Menschen wären glücklich, wenn sie sich das Leben leisten könnten, das sie sich leisten.

Danny Kaye

Geld verspricht alles und hält nichts. Allerdings muß man es besitzen, um es verachten zu können.

Alexander Korda

Man muß das Geld nicht mit dem Hintern verdienen, sondern mit dem Kopf.

August Lenz

61

Geld ist schlecht, wenn andere es haben. *Mark Twain*

Die richtige Einstellung zu Geld ist habgieriger Abscheu.
Henry Miller

Geld ist nichts. Aber viel Geld, das ist etwas anderes.
George Bernard Shaw

Es stimmt, daß Geld nicht glücklich macht. Allerdings meint man damit das Geld der anderen. *George Bernard Shaw*

Wer zuviel arbeitet, hat keine Zeit zum Geldverdienen.
Colin Webb

Es gibt Zeiten, in denen uns alles gelingt. Aber man braucht nicht zu erschrecken, das geht schnell vorüber.
Jules Renard

Leute, deren Gespräch es an Tiefe fehlt, gleichen das oft durch Länge aus. *Anonym*

Die Gleichheit der Menschen mag ein Recht sein, aber keine Macht der Welt kann sie zu einer Tatsache machen.
Honoré de Balzac

Operative Hektik ersetzt geistige Windstille. *Anonym*

Verbringe nicht die Zeit mit der Suche nach einem Hindernis, vielleicht ist keines da. *Franz Kafka*

Wir leben alle unter dem gleichen Himmel, aber wir haben nicht alle den gleichen Horizont. *Konrad Adenauer*

62

Menschen mit einer neuen Idee gelten so lange als Spinner, bis sich die Sache durchgesetzt hat.

Mark Twain

Unfähigkeit schützt nicht vor Karriere.

Aus »Murphys Bonner Gesetzen«

Wenn Sie heute irgendeine Idee killen wollen, brauchen Sie nur dafür zu sorgen, daß ein Komitee darüber berät.

Charles Kettering

Wer den Kopf verliert, der beweist damit nicht, daß er vorher einen hatte.

Anonym

Die Kritik an anderen hat noch keinem die eigene Leistung erspart.

Noël Coward

Eine Erfolgsformel kann ich dir nicht geben; aber ich kann dir sagen, was zum Mißerfolg führt: der Versuch, jedem gerecht zu werden.

Herbert Swope

Wenn man erfolgreich ist, dann überschlagen sich die Freunde, aber erst wenn man einen Mißerfolg hat, dann freuen sie sich wirklich.

Harry S. Truman

Mißwirtschaft: Wenn bei einem Unternehmen die Kasse nicht stimmt, müssen sich entweder die Zahlen ändern oder die Gesichter.

Friedrich Flick

Wer verlangt, daß mit offenen Karten gespielt wird, hat gewöhnlich alle Trümpfe in der Hand.

Graham Greene

Wenn die Pflicht ruft, gibt es viele Schwerhörige.

Gustav Knuth

Wenn man von den Leuten Pflichten fordert und ihnen keine Rechte zugestehen will, muß man sie gut bezahlen.

Johann Wolfgang von Goethe

Heutzutage genügt es schon, wenn man Pläne hat. Nach der Verwirklichung fragt kaum noch jemand.

Jacques Tati

Je planmäßiger die Menschen vorgehen, desto wirksamer trifft sie der Zufall.

Friedrich Dürrenmatt

Die Siege von gestern sind weniger wichtig als die Pläne für morgen.

Anonym

Die sechs Phasen der Planung: Begeisterung, Ernüchterung, Panik, Suche nach dem Schuldigen, Bestrafung der Unschuldigen, Auszeichnung der Nichtbeteiligten.

Anonym

64

Der Anspruch auf den Platz an der Sonne ist bekannt. Weniger bekannt ist, daß sie untergeht, sobald er errungen ist.

Karl Kraus

Merkmal des führendes Kopfes: Er erkennt ein Problem schon, bevor es auf den Nägeln brennt.

Anonym

Problem-Lösung: für jedes Problem gibt es eine Lösung, die einfach, sauber und falsch ist.

Henry Louis Mencken

Prominenz besteht darin, daß man erst ins Gespräch kommt und dann ins Gerede.

Axel von Ambesser

Wer auf seinen Rang pocht, hat ihn schon eingebüßt und fühlt es.

Max Rychner

Es ist ein Unglück, nicht genug Geist zu haben, um eine Rede zu halten, und nicht genug Selbsterkenntnis, um zu schweigen.

Jean de La Bruyère

Rede: Jedem kann es mal passieren, daß er Unsinn redet; schlimm wird es erst, wenn er es feierlich tut.

Michel de Montaigne

eine gute Rede: eine Ansprache, die das Thema erschöpfen soll, aber keineswegs die Zuhörer.

Winston Churchill

Will man reich werden, dann muß man etwas anbieten, was billig ist, zur Gewöhnung führt und sich von der Steuer absetzen läßt.

Anonym

65

Die meisten Menschen werden nur deswegen nicht reich, weil sie vor lauter Arbeit keine Zeit zum Geldverdienen haben.

Jimmy Durante

Reich wird einer nicht durch das, was er verdient, sondern durch das, was er nicht ausgibt.

Henry Ford

Menschen, die nach immer größerem Reichtum jagen, ohne sich jemals Zeit zu gönnen, ihn zu genießen, sind wie Hungrige, die immerfort kochen, sich aber nie zu Tische setzen.

Marie von Ebner-Eschenbach

Wenn man 50 Dollar Schulden hat, so ist man ein Schnorrer. Hat jemand 50 000 Dollar Schulden, so ist er ein Geschäftsmann. Wer 50 Millionen Dollar Schulden hat, ist ein Finanzgenie. 50 Milliarden Dollar Schulden haben – das kann nur der Staat.

Anonym

Wer es auf andere Weise nicht schafft, sollte sich durch seine Schulden berühmt machen.

Honoré de Balzac

Schwerarbeit hat noch keinen umgebracht, der sie zu beaufsichtigen hatte.

Anonym

Du kannst so rasch sinken, daß du zu fliegen meinst.

Marie von Ebner-Eschenbach

Sparmaßnahmen muß man dann ergreifen, wenn man viel Geld verdient. Sobald man in den roten Zahlen ist, ist es zu spät.

Paul Getty

66

Der Vollkommenheit am nächsten steht der Mensch, wenn er eine Stellenbewerbung schreibt. *Anonym*

Merkwürdig, wie unwichtig deine Tätigkeit ist, wenn du um eine Gehaltserhöhung bittest, und wie wichtig sie wird, wenn du einen Tag freinehmen möchtest. *Anonym*

Tatsachen lassen sich nicht wegwischen, indem man sie ignoriert. *Aldous Huxley*

Teamwork ist wichtig. Es erlaubt einem, jemand anders die Schuld zu geben. *Firagle*

Man ist geneigt, sich über die Undankbarkeit derer zu beklagen, die einem über den Kopf gewachsen sind. *Samuel Johnson*

Wenn jemand in einem Betrieb unverzichtbar ist, dann ist dieser Betrieb falsch organisiert. *Andreas Hoff*

Urlaub machen ist immer gefährlich, weil sich vielleicht herausstellt, daß man keine Lücke hinterläßt. *Vic Bradley*

Wenn man beginnt, seinem Paßfoto ähnlich zu sehen, sollte man in Urlaub fahren.
Ephraim Kishon

Verbindungen: das, was man zu haben glaubt, bis man sie ausnutzen muß.
Anonym

Es gibt nur zwei Klassen in der Gesellschaft: Leute, die mehr bekommen als sie verdienen, und andere, die mehr verdienen als sie bekommen.
Jackson Holbrook

Die schlimmste Art Versager ist der Mann, der sich immer wieder vormachen muß, daß er ein erfolgreicher Mann ist.
T.S. Eliot

Ein Urteil läßt sich widerlegen, aber niemals ein Vorurteil.
T.S. Eliot

Wenn alle Wege verstellt sind, bleibt nur der nach oben.
Franz Werfel

Wir gehen mit dieser Welt um, als hätten wir noch eine zweite im Kofferraum.
Jane Fonda

Wer seiner Zeit weit voraus ist, bleibt oft jahrelang außer Hörweite.
Robert Jungk

Die Leute, die niemals Zeit haben, tun am wenigsten.
Georg Christoph Lichtenberg

Es gibt Diebe, die nicht bestraft werden und einem doch das Kostbarste stehlen: die Zeit.
Napoleon I.

Am Ziele deiner Wünsche wirst du jedenfalls eins vermissen: dein Wandern zum Ziel. *Marie von Ebner-Eschenbach*

Man muß es so einrichten, daß einem das Ziel entgegenkommt. *Theodor Fontane*

Um etwas zu erreichen, muß man immer ein bißchen übers Ziel hinausgehen. *Peter Hofmann*

Als sie das Ziel aus den Augen verloren hatten, verdoppelten sie ihre Anstrengungen. *Mark Twain*

Man muß sich einfache Ziele setzen, dann kann man sich komplizierte Umwege erlauben. *Charles de Gaulle*

Wer alle Ziele erreicht, hat sie wahrscheinlich zu niedrig angesetzt. *Herbert von Karajan*

Man ist schlecht beraten, wenn man nur mit Leuten zusammenarbeitet, die nie widersprechen. *Ludwig Rosenberg*

ÜBERLEBENSREGELN

Schlechte Argumente bekämpft man am besten, indem man ihre Darlegung nicht stört.

Sydney Smith

Aufsteiger-Regeln: Man sollte die Dinge so nehmen, wie sie kommen. Aber man sollte auch dafür sorgen, daß die Dinge so kommen, wie man sie nehmen möchte.

Curt Goetz

Verzichte nie auf etwas, was du hast, solange du nichts anderes in der Hand hast.

Hertzberg

Man wird nicht dadurch besser, daß man andere schlechtmacht.

Heinrich Nordhoff

Man muß nicht genau wissen, was man will. Aber man muß sehr genau wissen, was man nicht will.

Dagmar Stecher-Konsalik

Beim gesellschaftlichen Aufstieg empfiehlt es sich, freundlich zu den Überholten zu sein. Man begegnet ihnen beim Abstieg wieder.

Jo Herbst

Ich habe keine Schwierigkeiten mit der Delegation, sagte er; die angenehmen Dinge entscheide ich, die unangenehmen überlasse ich meinen Mitarbeitern.

Anonym

Einstellungen: Ein gescheiter Mann muß so gescheit sein, Leute anzustellen, die viel gescheiter sind als er.

John F. Kennedy

Wer schon die Übersicht verloren hat, muß wenigstens den Mut zur Entscheidung haben.

Anonym

71

Wenn es nicht notwendig ist, eine Entscheidung zu treffen, ist es notwendig, keine Entscheidung zu treffen.

Lord Falkland

Entscheidungs-Vorlage: Was nicht auf einer einzigen Manuskriptseite zusammengefaßt werden kann, ist weder durchdacht noch entscheidungsreif.

Dwight D. Eisenhower

Erfolg hat nur der, der etwas tut, während er auf den Erfolg wartet.

Thomas Alva Edison

Erfolg verändert den Menschen nicht. Er entlarvt ihn.

Max Frisch

Zuviel Erfolg irritiert die besten Freunde.

Oscar Wilde

Jeder Erfolg, den man erzielt, schafft uns einen Feind. Man muß mittelmäßig sein, wenn man beliebt sein will.

Oscar Wilde

Erfolg haben: die richtigen Leute auf der richtigen Party zur richtigen Zeit treffen.

Cyril Northcote Parkinson

Um Erfolg zu haben, muß man aussehen, als habe man Erfolg.

Valentin Polcuch

Um Erfolg zu haben, braucht man bloß auf dem Friedhof alter Ideen spazierenzugehen.

Eric de Wit

Die Welt erwartet Ergebnisse. Sprich nicht über deine Bemühungen. Zeige ihnen das Baby.

Arnold Glasow

Wer den Feind umarmt, macht ihn bewegungsunfähig.

Anonym

72

Vergib deinen Feinden - wenn du ihnen nicht anders beikommen kannst.

Anonym

Man muß seine Feinde achten, denn diese bemerken zuerst unsere Fehler.

Antisthenes

Man kann niemanden überholen, in dessen Fußstapfen man tritt.

Anonym

Wer die erste Geige spielen will, muß immer den richtigen Ton treffen.

Gerhard Uhlenbruck

Gewohnheit: Laß dir von keinem Fachmann imponieren, der dir erzählt: »Freund, das mache ich schon seit zwanzig Jahren so!« Man kann eine Sache auch zwanzig Jahre lang falsch machen.

Kurt Tucholsky

Wer heutzutage Karriere machen will, muß schon ein bißchen Menschenfresser sein.

Salvador Dali

Zur Karriere gehört, daß man den Eindruck vermittelt, mit der derzeitigen Aufgabe nicht voll ausgelastet zu sein und noch andere und schwerere Aufgaben übernehmen zu können.

Werner Kneip

Karriere macht man mit den Bonmots, die man unterdrückt.

Roger Peyrefitte

Aus eigenen Fehlern lernt der Mensch, auf fremden baut er seine Karriere auf.

Jan Sokol

Es gibt zwei Möglichkeiten, Karriere zu machen: Entweder leistet man wirklich etwas, oder man behauptet, etwas zu leisten. Ich rate zur ersten Methode, denn hier ist die Konkurrenz bei weitem nicht so groß.

Danny Kaye

Am besten macht man Karriere, wenn man für jemanden arbeitet, der Karriere macht.

Marion S. Kellogg

Am sichersten macht man Karriere, wenn man anderen den Eindruck vermittelt, es sei für sie von Nutzen, einem zu helfen.

Jean de La Bruyère

Wenn man Talent hat, ist es nützlich, am Anfang einer Karriere Krach mit einem Prominenten zu bekommen.

Jean-Pierre Ponnelle

Es gibt viele Möglichkeiten, Karriere zu machen, aber die sicherste ist noch immer, in der richtigen Familie geboren zu werden.

Donald Trump

Der beste Schutz gegen die Managerkrankheit ist eine gute Sekretärin.
Ferdinand Sauerbruch

Es genügt nicht, ein anständiger Mensch zu sein. Man muß es auch zeigen.
Honoré de Balzac

Steig niemals auf das Niveau derjenigen hinunter, die über dir stehen!
George Mallaby

Öffentlichkeitsarbeit: Wenn Sie einen Dollar in Ihr Unternehmen stecken wollen, so müssen Sie einen zweiten bereithalten, um das bekanntzugeben.
Henry Ford

75

Zu mancher hohen Position geht es auf steilen Wegen; wer dort hinauf will, muß sich schon im Kriechen fortbewegen.

Wolfgang Salpeter

Große Probleme sollte man in Angriff nehmen, solange sie noch klein sind.

Karl Schwarzer

Ratschläge: Ärgere dich nicht, wenn du das Schiff verpaßt hast – denk an die »Titanic«.

Anonym

Ein Hammer verfehlt gelegentlich sein Ziel, ein Blumenstrauß nie.

Anonym

Sei freundlich zu jedermann, bis du eine Million hast. Nachher ist jedermann freundlich zu dir.

Anonym

Wenn du willst, daß man deine Fehler bemerkt, fange an, gute Ratschläge zu geben!

Anonym

Wer nicht beißen kann, soll auch nicht knurren.

Anonym

Nehmen Sie die Menschen, wie sie sind, andere gibt's nicht.

Konrad Adenauer

Man sollte nichts auf morgen verschieben, was schon im achtzehnten Jahrhundert hätte getan werden sollen.

Axel von Ambesser

Man löst keine Probleme, indem man sie auf Eis legt.

Winston Churchill

Wer interessieren will, muß provozieren.

Salvador Dali

Jedenfalls ist es besser, ein eckiges Etwas zu sein, als ein rundes Nichts.

Friedrich Hebbel

Wenn man im Mittelpunkt einer Party stehen will, darf man nicht hingehen.

Audrey Hepburn

Verschiebe nicht auf morgen, was genausogut auf übermorgen verschoben werden kann!

Mark Twain

Man muß das Geld dort nehmen, wo es zu finden ist – bei den Armen. Zwar haben sie wenig, aber sie sind zahlreich.

Ettore Petrolini

Ehe du einen Sachverständigen fragst, sprich mit deinem Friseur!

August Scherl

Man kann niemanden überholen, wenn man in seine Fußstapfen tritt.

François Truffaut

Man sollte immer ehrlich spielen, wenn man die Trümpfe in der Hand hat.

Oscar Wilde

Man kann über alles reden, aber nicht über 45 Minuten.

Rolf Breitenstein

Rede-Rezept: Man brauche gewöhnliche Worte und sage ungewöhnliche Dinge.

Arthur Schopenhauer

Am sichersten reitet man auf dem Steckenpferd des Chefs.

Ralph Boller

Effizienz ist keine Frage der Zeit. Nur Dummköpfe machen regelmäßig Überstunden.

Lee Iacocca

Man muß Tatsachen kennen, bevor man sie verdrehen kann.

Mark Twain

Tip für Personalchefs: Es ist gefährlich, einen extrem fleißigen Bürokollegen einzustellen, weil die anderen Mitarbeiter ihm dann dauernd zuschauen.

Henry Ford

Tip für Stellungssuchende: Eine Fürsprache ist mehr wert als zwei Fremdsprachen.

Ruth Herrmann

Wenn man die Leute dazu bringen will, einem zuzuhören, braucht man ihnen nur zu sagen, es handle sich um etwas Vertrauliches.

Anonym

Wenn du nicht an die Zukunft denkst, kannst du auch keine haben.

John Galsworthy